یک هفته قبل

سوفیا: مامان، من و آنا را برای خرید برد. او گفت ما باید برای مدرسه لباس ویژه داشته باشیم. برای من کفش ورزشی با جوراب نو خریدند. برای آنا کفش نو خریدند چون به آن احتیاج داشت. آنا گفت مدرسه خوب است.

| Sofia | Mum took me and Anna shopping. She said we had to get special clothes for school. I got plimsolls for PE and new socks. Anna got new shoes 'cause she needed them. Anna said school is cool. |

The night before

سوفیا: آنا گفت که خانم راس معلم من آدمی دو ـ و ـ ست داشتنی است.

من همهٔ لباسهایم را بیرون گذاشتم تا صبح بتوانم زود آماده شوم. مامان گفت ما نباید دیر کنیم.

Sofia   Anna said that my teacher Miss Ross is *love-e-ly*.
I put out all my clothes so I can get ready quickly in the morning.
Mum said we mustn't be late.

تام و سوفیا به مدرسه میروند

Tom and Sofia start School

Henriette Barkow
Priscilla Lamont

Farsi translation by Anwar Soltani

One week before

تام: معلم جدیدمان به خانهٔ ما آمد. اسمش خانم راس است. او عکسی از من و مادرم گرفت.
بعد من برایش یک نقاشی کشیدم. خانم راس گفت وقتی مدرسه رفتن را شروع کنم نقاشی
من روی دیوار کلاس خواهد بود.

Tom   My new teacher came to my home. Her name is Miss Ross. She took a photo
of me and my mum. Then I did a drawing for her. Miss Ross said that my
picture will be on the classroom wall when I start school.

شب قبل

تام: خرسه نمیخواهد بمدرسه برود. من به مامان گفتم خرسه فکر میکند گم میشود. مامان گفت خرسه هم راه می‌آید. او گفت خرسه هم مثل سوفیا و آنا و من با آدمهای زیادی آشنا خواهد شد. من به خرسه گفتم خودم از او مواظبت خواهم کرد.

Tom Ted doesn't want to go to school. I told Mum that Ted thinks he'll get lost. Mum said Ted will be OK. She said Ted will know lots of people like Sofia and Anna and me. I told Ted I'll look after him.

The BIG day

تام: بابا، من و خرسه را به مدرسه میبرد. بابا گفت که میتواند روز اول درسه رفتن خودش را به یاد بیاورد. او چطور میتواند چیزی را بخاطر داشته باشد که سالها و سالها و سالها پیش اتفاق افتاده است؟

Tom   Dad is taking me and Ted to school. Dad said he can remember his first school day. How can he remember something that happened years and years and years ago?

سوفیا: من آمادهام بروم ولی آنا آماده نیست. او مشغول بستن بند کفشهایش است،
من میخواهم همین الآن بروم. نمیخواهم دیر کنم. مامان گفت زود باش آنا.
زود باش آنا، من میخواهم **همین الآن** بروم!

Sofia   I'm ready to go and Anna is not. She is doing her laces but I want to go now.
I don't want to be late. Mum said hurry up Anna. Hurry up Anna,
I want to go NOW!

On the way to school

سوفیا: مامان در را باز کرد، و من و آنا بدو از پله‌ها پائین آمدیم. پائین پله‌ها تام و پدرش را دیدیم.

Sofia   Mum opened the door and Anna and me raced down the stairs.
                 At the bottom we saw Tom and his Dad.

در راه مدرسه

تام: سوفیا و آنا، و مادرشان، و من، و بابا، و خرسه همهٔ راه را تا مدرسه پیاده رفتیم.
من دست بابا را گرفته بودم. آنا گفت مدرسه خوب است.

Tom

Sofia and Anna, and their mum and me, and Dad and Ted walked
all the way to school. I held Dad's hand. Anna said school is cool.

The school

تام: وقتی به مدرسه رسیدیم در آنجا خانمی چشم براه ما بود. او اسم مرا پرسید. من گفتم تام. او گفت که اسمش خانم پلام است. خرسه توی جیبم قایم شده بود.

Tom　　When we got to school there was a woman waiting.
She asked my name. I said Tom. She said her name
was Mrs Plum.
Ted hid in my pocket.

مدرسه

سوفیا: وقتی بمدرسه رسیدیم، مدیر مدرسه منتظر ما بود.
او آمده بود که به همهٔ بچه‌های جدید خوشامد بگوید.
آنا گفت او این کار را میکند که ما احساس خوشامد کنیم.

Sofia When we got to school the head teacher was waiting.
She came to say hello to all the new children.
Anna said she does it to make us feel welcome.

Our class

سوفیا: مامان مرا به کلاسمان برد. خانم راس آنجا بود. آدم بزرگسالی هم بنام یم. من صاحب جارختی ویژهٔ خودم شدم. جائی برای پالتو و ساک ورزشم. مامان با من خداحافظی کرد. وقتی از در بیرون میرفت برایم دست تکان داد.

Sofia   Mum took me to our class. Miss Ross was there. And a grown-up called Jim. I got my own peg. That's for my coat and PE bag. Mum said bye. She waved as she went out of the door.

کلاسِ ما

تام: بابا مرا به کلاسمان برد. من نقاشیم را به بابا نشان دادم. به بابا گفتم که
خرسه نگران است. بابا گفت خرسه راه میآید چون مرا دارد. و من هم او را دارم.
بابا مرا در آغوش گرفت. او گفت بعد میبینمت. من گفتم خدا حافظ.

Tom   Dad took me to our class. I showed Dad my picture. I told Dad Ted was
worried. Dad said Ted would be OK because Ted had me. And I had Ted.
Dad gave me a hug. He said see you later. I said bye.

First lesson

تام: خانم راس حاضر و غایب کرد. او گفت که هر روز حاضر و غایب خواهد کرد.
گفت که وقتی اسم مارا میخواند ما باید بگوئیم بله.

Tom   Miss Ross called the register. She said
       every day she will call the register.
       She said we have to say yes when
       she calls our name.

درس اول

سوفیا: خانم راس گفت ما کار زیادی داریم بکنیم. او گفت کارکردن تفریح است.
او گفت که اولین کار ما این است بازی اسم بکنیم. من اسم زیادی بلدم. زارا دوست من است.

Sofia Miss Ross said we had lots of jobs to do. She said doing jobs is fun. Our first job was to play the name game. I know lots of names. Zara is my friend.

Morning break

سوفیا: خانم راس گفت الآن وقت تفریح است. ما برای بازی کردن بیرون نمیرویم.

آب و میوه میخوریم. من پهلوی زارا و لیلی نشستم.

Sofia   Miss Ross said now it's break time. We don't go out to play.
We get a drink of water and fruit. I sat next to Zara and Lili.

زنگ تفریح صبح

تام: موقع زنگ تفریح میتوانیم به توالت برویم. خانم راس گفت: دستهایتانرا بشوئید!

خانم راس گفت یادتان نرود که شیرهایِ آب را ببندید.

Tom   At break time we can go to the toilet. Miss Ross said WASH YOUR HANDS.
           Miss Ross said remember to TURN OFF THE TAPS.

تام: شون پهلویِ من نشست. امیدوارم شون مرا دوست داشته باشد.

شون گفت: "سلام!" او گفت که نقاشیِ مرا دوست دارد.

Tom   Sean sat next to me. I hope he likes me.
"Hello!" said Sean. He said he liked my picture.

درسهای بیشتر

سوفیا: خانم راس از ما عکس گرفت و آنها را روی دیوار کوبید. بعد من کارتی را که اسم خودم رویش بود رنگ کردم، تا روی کشوِ خودم بزنم.

Sofia

Miss Ross took our pictures and put them on the wall. Then I coloured a card with my name on, to put on my drawer.

Lunch time

سوفیا: زنگی بصدا درآمد. صدایِ بلندی داشت. ما باید دستهایمانرا میشستیم و صف می ایستادیم. زارا دست مرا گرفت. او مثل من از ناهار مدرسه استفاده میکند.

Sofia   A bell rang. It made a BIG noise! We had to wash our hands and line up. Zara held my hand. She has school dinners like me.

وقت ناهار

تام: شون مثل من غذا از خانه آورده بود. ما جعبهٔ ناهارمان را همراه داشتیم. به سالن بزرگ رفتیم.

خیلی پُر سر و صدا بود. کنار میزِ درازی نشستیم. من پنیر و نان و یک سیب و آبمیوه خوردم.

Tom   Sean has packed lunch like me. We got our lunch boxes. We went to the BIG hall. It was very NOISY. We sat at long tables. I had cheese and bread and an apple and juice.

Playtime

تام: شون و لئو و آدی و من، گرگم به‌هوا کردیم. نیمکت، خانه بود.
خرسه توی جیبم قایم شده بود.

Tom Sean and Leo and Adi and me played tag. The bench was home.
Ted hid in my pocket.

وقت بازی

سوفیا: زارا و لیلی و من طناب بازی کردیم. لیلی زمین خورد و زانویش زخمی شد. احتیاج به چسب داشت. لیلی گفت درد ندارد. لیلی خیلی شجاع است.

Sofia

Zara and Lili and me played skipping. Lili fell over and hurt her knee. It needed a plaster. Lili said it doesn't hurt. Lili is very brave.

Story time

سوفیا: همه روی فرش نشستیم. خانم از یک کتاب **بزرگ** برای ما قصه خواند.

Sofia   We all sat on the carpet. Miss read us a story from a BIG book.

وقت داستانگوئی

تام: در پایان داستان، بازی کف زدن کردیم. شعر "برگشتن به خانه" راهم یاد گرفتیم.

Tom   At the end of the story we played a clapping game. We learnt a going home rhyme.

Packing up time

تام: خانم راس گفت وقت رفتن به منزل است. ما وسائلمان را توی کشوهایمان گذاشتیم.
آدی کشو بالا را دارد. ما بعداً باید صف میایستادیم.

Tom   Miss Ross said, home time. We put all our things in our drawers.
          Adi has the top drawer. Then we had to line up.

وقت جمع و جورِ کردنِ وسائل

سوفیا: خانم راس گفت وقت آن است که پالتوهایمان را برداریم. ما به طرف چوب رختیهایمان دویدیم. خانم راس گفت در داخل کریدور نباید بدویم. او عصبانی بنظر میآمد. ما به کلاس برگشتیم.

Sofia   Miss Ross said, time to get your coats. We ran to our pegs. Miss Ross said, NO RUNNING in the corridor! She looked cross. We walked back to class.

Home time

سوفیا: مامان و آنا به کلاسِ من آمدند. من نقاشی خودم را به آنها نشان دادم. خانم راس و جیم خداحافظی کردند. من با زارا و لیلی خداحافظی کردم.

Sofia   Mum and Anna came to my class. I showed them my picture I painted. Miss Ross and Jim said bye. I said bye to Zara and Lili.

وقت رفتن به خانه

موقع رفتن به خانه، مامان و بابا به کلاس آمدند. من خیـ یـ یلی حرف داشتم بزنم راجع به شون
و لئو و آدی و کارهائی که کرده بودیم. بابا گفت حالا من بچه مدرسه‌ایِ بزرگی شده‌ام.

Tom — At home time Mum and Dad came to the classroom. I had sooo much to tell about Sean and Leo and Adi and all the jobs I had to do. Dad said I was a big schoolboy now!

Home

تام: من دوستان زیادی پیدا کرده‌ام. شون دوست من است. آدی و لئو هم. شون بهترین دوست من در مدرسه است. خرسه بهترین دوست من در خانه است. خرسه مدرسه را دوست دارد. او میخواهد باز هم مدرسه برود.

Tom I made lots of friends. Sean is my friend. And Adi and Leo. Sean is my best school friend. Ted is my best home friend. Ted likes school. He wants to go again.

خانه

سوفیا: آنا و مامان و من کیک خوردیم. آنا مشقهایش را نوشت. من مشق ندارم.
مامان گفت زارا میتواند روز جمعه بعد از مدرسه به خانهٔ ما بیاید.
آنا راست میگفت ـ مدرسه خوب است.

Sofia

Anna and Mum and me had cake. Anna had homework. I don't have homework. Mum said Zara can come after school on Friday. Anna was right – school is cool.

If you have found this book helpful, there are three more titles in the series that you may wish to try:

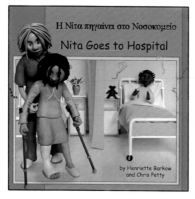

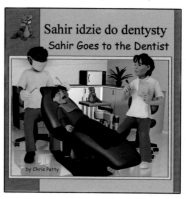

Nita Goes to Hospital
Sahir Goes to the Dentist
Abi Goes to the Doctor

You might like to make your own car, furnish your own house or try out some clothes in the "My...series" CD Ro

My House
My Car
My Clothes

You may wish to welcome parents and carers in 18 languages with the Welcome Booklet CD Rom Series
where you can publish key information about your school - photos, policies, procedures and people:
Welcome Booklet to My School
Welcome Booklet to My Nursery
All About Me!

First published in 2006 by Mantra Lingua Ltd
Global House, 303 Ballards Lane
London N12 8NP
www.mantralingua.com

A CIP record for this book is available from the British Library